この本の使い方

この本では、グミ作りの実験をしながら
科学的に学ぶことができます。

説明ページ

ナビゲーターたち
が、グミ実験で使う
材料について疑問
などを話し合う

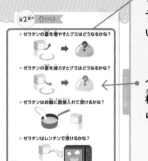

次ページ以降で使
う材料の特徴や使
い方を説明する

イラストや写真で
材料の特徴をわか
りやすく説明

説明ページを読んで材料の特徴を
知ってから実験をしよう

実験ページ

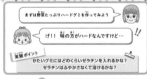

実験で調べるポイ
ントをナビゲーター
が説明

実験での注意点を
まとめている

実験で作り上げる
グミの完成写真

実験の手順を順番に説明。
この順番でグミを作る実験を行おう

3

目次

第1章　**グミの基本**

グミってなに？

ゼラチンってなに？

グミを手作りしてみよう！

この本のナビゲーター

たまきちゃん

ウビンくん

ママ

小学校3年の女子。お料理は大好きだけど、グミ作りは初めて。入れる材料で味が変わる実験に興味しんしん！

たまきのお友達の男子。同じ小学校3年。料理経験はそんなにないけど、やる気だけはたまきに負けないぞー！

たまきのママ。2人がうまく実験できるように、いろいろアドバイスしますよ～！

第1章

グミの基本

グミってなに？
～グミを研究してみよう～

ママ～、今めっちゃ流行ってるグミがあるんだけどさ、いつも売り切れてて買えないんだよね～

もう一度あの味を食べたい！それにまだ食べてないウビンくんにも食べさせてあげたいんだよ！

あら、おたまちゃん。売り切れは残念だね。お友達とも一緒に食べて"おいしいね！"って盛り上がりたいよね

ママにいい考えがあるよ。グミって家でも作れるから、いろいろ試作してみない？

あ！それいい！やるやるーー♪好きな味のグミや、まだ売ってないようなオリジナルグミを作ってみたい

じゃあさ、グミがなにからできているか基本をおさえながら、まずはベーシックなグミを作ってみようか？

ぼく達が
ポイントをナビゲート
してあげるよ！

第1章の　テーマ

- グミってなんだろう？　なにからできている？
- グミのもとになるゼラチンについて知ろう
- 実験ノートの書き方をおさえておこう
- 基本のグミを作ってみよう

グミってなに？
～グミの基礎知識～

そもそもグミってなに者なんだろう？

まずはグミの誕生から謎を解こう！

グミはドイツ生まれのお菓子だよ

　グミは1922年にハリボーというドイツのお菓子メーカーから誕生しました。ドイツ語で「噛む(gummi)」っていう意味です。お菓子メーカーの人が"子供たちが楽しく噛む力をつけられるようなお菓子にしよう"という思いをこめて作りました。

だからかわいらしいクマの形をしているんだね

日本のグミはコーラ味から

日本では1980年に明治製菓から初めて国産のグミが発売されました。日本人好みの味に改良されて、ドイツのグミよりもかなりやわらかなコーラ味がグミ第1号として誕生しました。

色も形も味もさまざま

現在のグミは定番のフルーツ味に始まり、刺激たっぷりのものからおもしろ食感なもの、かわいい形や遊んで楽しいものまで、バラエティに富んでいます。コンビニではチョコレートやガムよりも売れ筋商品となり、日本の国民的おやつとなっています。

グミってなに？
〜グミにはなにが入っている？〜

で、結局グミはなにからできているんだろう？
ゴムじゃないよねぇ？？

じゃあ、グミの材料はなにか見てみよう！

グミにはゼラチンが入っているんだね

　一般的にグミとは「ゼラチン・砂糖・水あめを材料とし、果汁などの味をつけ固めた弾力のある菓子」とされています。思ったよりシンプルな材料からできていますね。なじみのない言葉に「ゼラチン」というのが出て来ましたが、このあと一緒に学んでいきましょう。

砂糖

ゼラチン

砂糖

水あめ

果汁

基本アイテムはこの食材なのね

グミの中の役割分担

　グミの基本材料にはグミらしさを出すための役割があります。まず、砂糖を入れるのは甘くするためかな？と想像がつきますが、水あめも加える理由はグミにツヤを出したり弾力をつけるためです。

　次に果汁はグミにフルーツの味や色をつけるためです。果汁の代わりにサイダーやジュースを使ってほかの味や色をつけることもできます。

グミのむっちむち感はゼラチンが決め手

　ではグミ独特のあの噛み応えはなにが作っているのかな？答えは、そうです、ゼラチンです！ゼラチンが "むにっ" とか "ぷにゅっ" とした食感を作っているんです。ベーシックなグミにはこのゼラチンが欠かせないといっていいでしょう。

このむちむち食感はゼラチンのおかげかぁ〜

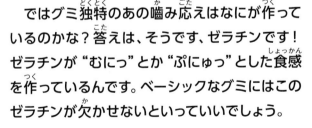

もぐもぐ♪

ゼラチンってなに？
〜ゼラチンの基礎知識〜

決め手の「ゼラチン」ってなんだ？

ゼラチンの正体にせまりまーす♪

コラーゲンからできているよ

　ゼラチンは、牛・豚・魚などの動物からとれる「コラーゲン」というものからできています。コラーゲンは動物の骨や皮を形づくるための重要な役割を果たしています。弾力性(ぷにぷに感)と粘性(べたべた感)が強い特徴があります。これがグミの弾力のもとになっているんですね。

牛のアキレス腱などを煮こむととれるよ。

14

コラーゲンはたんぱく質だよ

給食だよりに書いてあるのを見たことある！

みなさん、「五大栄養素」って聞いたことありますか？人間の身体を健康に保つために必要な栄養のことです。

五大栄養素

三大栄養素

糖質（炭水化物）

たんぱく質

脂質

ビタミン

ミネラル

1 糖質（炭水化物）

身体と脳のエネルギーになる重要な栄養素です。「炭水化物」は、糖質と食物繊維を合わせたものでごはんやパンに多く入っています。

2 たんぱく質

筋肉や内臓、皮膚、髪の毛など身体を作るもとになります。お肉のような動物性と、大豆のような植物性があります。

3 脂質

身体の細胞や神経、ホルモンなどのもとになります。バターのような動物性とマーガリンのような植物性があります。

4 ビタミン

身体の調子を整えます。野菜やフルーツに多くふくまれています。水溶性と脂溶性があり、両方をバランスよくとる必要があります。

5 ミネラル

身体の調子を整え、骨や血液のもとになります。身体の中で作れないため、食品からとる必要があります。

この五大栄養素のうち、特に重要な糖質・たんぱく質・脂質を「三大栄養素」とよびます。コラーゲンはこの中のたんぱく質に分類されます。

ゼラチンってなに？
〜なんで固まるのかな〜

ゼラチンをグミにどうやって
入れてるの？？

さっきのゼラチンはそのままではグミに
ならないから、溶かしてから使うよ

ゼラチンにはこんな特徴があるよ

　ゼラチンは溶かすことも固めることもできる便利な材料です。50〜60℃で溶けて、15〜20℃で固まります。一度固まったゼラチンは25℃以上でまた溶け始めます。そのため、グミを口に入れるとほどよく溶ける食感が味わえるんですね。

　ゼラチンは、グミのようなお菓子作りに使われることもあれば、健康食品や美容品に使われることもあります。

ゼラチンは栄養がある
からお菓子以外でも活
躍しているんだね〜

ゼラチンが固まるメカニズム

　ではなぜゼラチンは温度によって溶けたり固まったりするのでしょうか?

　それはゼラチンの形がカギを握っています。固まっているゼラチンを顕微鏡でよーくよーくのぞいてみると、鎖型をしています。たんぱく質どうしががっちりくっついているのでくずれません。

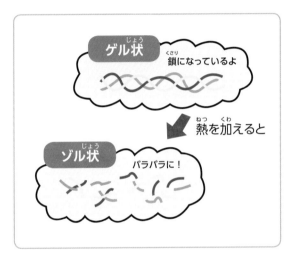

　ここに熱を加えると鎖がほどけてバラバラになります。するとゼラチンは溶けだしてとろとろっとした状態になります(ゾル化)。

第1章　グミの基本

　溶けたゼラチンを冷やすと、バラバラだった鎖が再びつながりはじめて固まり、ぷるんとした状態になります (ゲル化)。

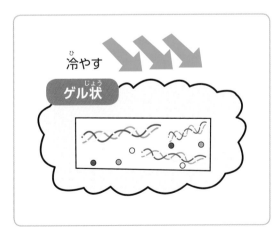

ゼラチンってなに？
〜ゼラチンの使い方〜

ではお次に、グミを手作りするときに使う
家庭用のゼラチンについて知っておこう

ここをおさえておけば
実験秒読みだね！

ゼラチンの形状は大きく3つ

ゼラチンはスーパーの製菓コーナーや、通販サイトなどで手軽に
購入することができます。お菓子作り用のゼラチンはおもに板状・粉
状・顆粒状の3つがあります。

板ゼラチン

粉ゼラチン

顆粒ゼラチン

家庭では、粉と顆粒を使うことが多いよ

それぞれのゼラチンの使い方

　板ゼラチンは使う前に氷水に入れてふやかす必要があります。粉ゼラチンと顆粒ゼラチンの方が少量づつ使えるので便利です。粉ゼラチンは水にふやかして使います。顆粒ゼラチンは直接液体に混ぜても大丈夫です。

　どのゼラチンを使うときも50〜60℃で溶かします。熱くしすぎると固まる力が弱くなってしまうので、沸騰させないようにしましょう。

ゼラチンが使われているお料理

マシュマロ

ゼラチンは洋食や洋菓子で多く使われています。みなさんが日頃何気なくよく食べているものにもゼラチンは入っていますよ。

やわらかいマシュマロから、しっかり固まっているゼリーまで、どれにもゼラチンが入っています。

ゼリー

プリン

グミを手作りしてみよう！

～実験準備～ 　材料と調理器具

よっしゃー、ゼラチンの使い方はオッケー！
あとはなにが必要！？

まずはグミになる材料を見てみよう！
キホンはAチームの材料だよ

実験に使う材料

　実験に使う材料はおもにこのようなものがあります。Aチームはいろんなレシピで使うことが多いので準備しておくとよいですよ。

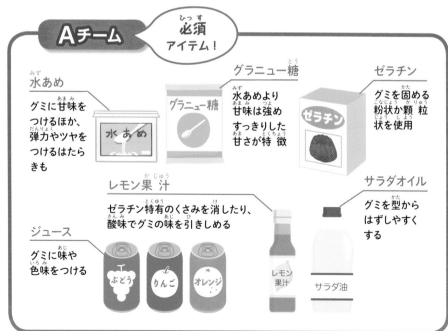

Aチーム 　必須アイテム！

水あめ
グミに甘味をつけるほか、弾力やツヤをつけるはたらきも

グラニュー糖
水あめより甘味は強め
すっきりした甘さが特徴

ゼラチン
グミを固める粉状か顆粒状を使用

レモン果汁
ゼラチン特有のくさみを消したり、酸味でグミの味を引きしめる

サラダオイル
グミを型からはずしやすくする

ジュース
グミに味や色味をつける

ぶどう　りんご　オレンジ　レモン果汁　サラダ油

Bチーム あると便利！

メープルシロップ
グミに甘味をつけたり、足したいときに使う コクが出ることも

お好みのドリンク
牛乳を入れると まろやかな ミルク味に サイダーを 入れると さっぱりグミに

はちみつ
グミに甘味をつけたり、足したいときに使う

このBチームの材料はなにに使うの？

Aチームだけでもできるけど、甘味を足したり、ちょっと変わったグミを 作りたいときに便利なんだヨ

変わったグミ！？　それも楽しそう！

ほかにも、入れる材料を研究すると おもしろいよ

第1章　グミの基本

オッケー！ どんな材料を使うかは
わかったよ。お次は？

あとは、グミ作りに使う調理器具かな。
Aチームのアイテムは、絶対必要だから、
実験前にそろえておきたいな

実験に使う調理器具

　実験に使う器具はおもにこのようなものがあります。家にあることが多いのでチェックして、不足している器具はスーパーや100円ショップに買いにいくとよいですよ。

Aチーム 必須アイテム！

耐熱容器
熱に強く、
電子レンジ
でも使える

小鍋
材料をコンロで
溶かすときに使用

計量カップ（ビーカー）
水などの液体
の量をはかる
ときに使う

計量器
粉などの
重さをはかる
「はかり」とも
よばれる

計量スプーン
少量の液体や
粉などをはかる
「大さじ」「小さじ」
というときに使う

ゴムベラ
コンロ上の
鍋の中で、
材料を混ぜ
合わせるとき
に使用

型
グミ液を流し
こんで固める
ときに使う
いろんな
形がある

バット
グミ液を型に
入れたり、
型を冷蔵庫で
冷やすときに
便利

スプーン
材料を
取り出して
入れたり、
混ぜたりと、
用途は
さまざま

Bチーム

あると便利！

マドラー

少量の材料をよく混ぜたいときに使う
棒状や先っぽにスプーンがついたもの、小さな泡立て器タイプなどがある

ミニサイズスプーン

少量の材料をふくろなどからとり出したり、混ぜたりするときに便利

キッチンばさみ

材料のふくろを開けたり、さまざまなものを切るときに使う

クッキングシート

表面がツルツルしている調理用の紙
グミに飾りをつけるなど、細工をしたいときに便利

Aチームの器具だけでもいっぱいあるね〜
はかるものだけでも3種類もある！

材料が液体だったり、粉だったりするし、はかる量によっても使いやすい器具が変わってくるからね

なんか迷っちゃいそう……
ちゃんと使えるかなあ？

ママと一緒に作るから、だーいじょうぶ！！

グミを手作りしてみよう！
～実験で注意すること～

じゃ、さっそく実験開始！！！

ちょっと待って！
その前に、こんな約束を守ってね！

はーい！

実験の注意点

1 **手を洗うこと！**

実験の前にはハンドソープを使って
しっかり手を洗おう。ツメも短く切っ
ておこう。

2 **ソデがゆるゆるの服はダメ！**

ソデがゆるゆるの服はコンロの火が
燃え移る危険があるで、ソデがゆるく
ない服に着替えよう。

3 準備をしてから始めよう

作り始める前に、食材や材料がそろっているか確認しよう。 食材はちゃんと計量器や計量スプーンではかっておこう。

4 レシピをひと通り読もう

最初にひと通りレシピに目を通し、全体の流れを頭に入れておこう。下準備がある場合は、まずはじめにやっておこう。

5 大人と一緒にやること

火を使うとき、包丁を使うときは、危険なこともあるから、必ず大人と一緒にやろう!

6 やけどに注意しよう

やけどしないように、お鍋は持つところ以外はさわらないように。火のそばに燃えるものは絶対におかないようにしよう。熱いグミを型に入れるときは、大人にやってもらおう。

持つのはここ!

第1章 グミの基本

25

グミを手作りしてみよう！
～実験ノートを書いてみよう～

> さぁ！ ママ。 さっそくグミ作り
> 実験スタートしようよ！

> もうちょっと待ってね、せっかく実験するなら
> 実験ノートを書くといいよ

実験ノートって？

　実験に挑戦するときは「実験ノート」を書いておくといいですよ。
　実験ノートとは、実験内容を記録しておくためのノートです。日付
や使った道具、実験の目的と結果を書いておきます。たとえばグミ
を作ろうと思ったときの理由や知りたいと思ったこと、作ってみてわ
かったことや疑問に思ったことなどを書いておきます。そうすると、
後で読み返したときに実験の内容を思い出したり、次の実験の参考
にすることができます。

> 自由研究のときにも
> 実験ノートを書いた
> ことあるなぁ

26

実験ノートってこんな感じ

自由研究や自学習のときにも参考にしてみてね。

たとえばこんな感じだよ！

実験ノート

タイトル　　　　　　　　　　　　**日付**
手作りグミ実験！！　　　　　　　　7月4日(土)　晴れ

実験をしようと思ったきっかけ
大好きなグミを自分で作ってみたいと思った。

実験で知りたいこと
グミにはなにをどんな順番で入れて作るのか知りたい。

実験で使ったものや実験方法　　　**実験の写真やイラスト**

グミレシピ

Ⓐ ｛
グラニュー糖　40g
水あめ　40g
オレンジジュース　100mℓ

ゼラチン　10g

① Ⓐをボウルに入れてレンチンした
② ①にゼラチンを溶かした
③ 型に入れた
④ 冷蔵庫で1時間冷やした

実験でわかったこと・感想
1時間冷やしたけどまだやわらかかった。
ジュースは果汁100％にしたのでおいしかった。
ゼラチンはレンジの500Wで温めたジュースに溶けて、
冷蔵庫で2時間冷やすと固まることがわかった。

次にやってみたいこと
★次はゼラチンの量を増やしたらどうなるか試してみたい。
★溶ける温度と固まる温度をはかってみたい。

　　　　　　　　　　　　　　　　　　たまき

グミを手作りしてみよう！

実験室 ❶ 基本のグミ

難易度

オレンジグミ

材料

グラニュー糖 ・・・・・・・40g
水あめ ・・・・・・・・・・40g
オレンジジュース ・・・・100ml
粉ゼラチン・・・・・・・・10g
冷水 ・・・・・・・・・・・30g
レモン汁 ・・・・・・・・・10g
サラダオイル ・・・・・・少 量

必要な道具

カップなど
の容器　計量カップ　ゴムベラ　スプーン

小さめの鍋　キッチン
ペーパー

計量器　型　バット

実験準備はバッチリ！ さっそく作ってみよう！

手作りグミ実験開始！！

実験ポイント

グミはどういう順番で作るのかな？

実験 1 スタート

1

冷水
30g

粉ゼラチン
10g

① 冷水30gの入った容器に粉
ゼラチン10gを入れて混ぜ、
水分をふくませる

2 調理ポイント

サラダオイル
少量

② キッチンペーパーに少量ふくませた
サラダオイルを、シリコンの型にうす
くぬっておく

型からはずしやすく
するために必須！

水あめ
40g

オレンジ
ジュース
100ml

グラニュー糖
40g

③ 水あめ40g、オレンジジュース100ml、グラニュー糖40gの順に鍋に入れて混ぜながら、弱火で沸騰させる

弱火で沸騰させて、とろみをつけてあるよ

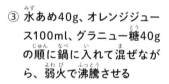

実験ポイント

4

湯気の出ている熱々のままゼラチンを入れると、固まる力が弱くなっちゃうから、粗熱が取れてから入れよう!

④ ③の鍋を火からおろし、少しさましてから①で作ったゼラチンを入れて溶かす

5

レモン汁
10g

⑤ ゼラチンが溶けたら
レモン汁10gを加え
て混ぜる

型からこぼれやすいので、
下に大きめのバットをしいて
作業をしよう！ 安定するから
冷蔵庫にも
入れやすいよ♪

調理ポイント

6

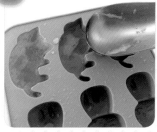

⑥ バットの中に入れた型に⑤
のグミ液を流しこむ

はみ出ても下の
バットでキャッチ

7

⑦ バットごと型を冷蔵庫に入れ
て2時間以上冷やす

8

⑧ 型からはずしたら
でき上がり！

★手作りのグミは保存料が入っていないから、
冷蔵庫で保管して、できるだけ当日中に食べてね

食べてみよう！

まさにグミ！
グミのむにゅっと感は
ゼラチンでできて
いたんだね〜！

冷蔵庫で冷やして
きちんと固めると、
ちゃんとグミになるね！

水あめを入れる
ところも食感やツヤの
ポイントなんだね。

実験 1 まとめ

砂糖や水あめ(糖類)を最初に煮詰める

• 火からおろしてからゼラチンを混ぜる
• ゼラチンは50〜60℃で溶ける
• ゼラチンは15〜20℃で固まる
• 酸味のあるものはゼラチンを溶かしたあとに混ぜる
• 型にサラダオイルをぬっておくとはずしやすくなる

試して
みてね！

• オレンジジュースをほかのジュースにかえてみよう
• 水あめをはちみつにかえたらどう変わるかな?

第2章

ゼラチンの
性質

グミのかたさを変えよう
〜かたさはどうやって決まる?〜

ママ〜、ゼラチンの量を増やしたり
減らしたりしたら、かたさが変わるのかな?

あ! いいところに気づいたね!

あのさぁ、さっきから見てたんだけどさ。
粉ゼラチンじゃなくて、顆粒ゼラチンを
お鍋にドボンとかじゃダメかな?

あ、ウビンくん。いいアイデア!
それにレンチンで時短もできるんじゃない?

ふたりともするどい!
じゃあ、みんなでゼラチンの量を変えたり、
溶かす方法を変えながら作ってみようか

賛成! すごく実験っぽくなってきた!!

● ゼラチンの量を増やすとグミはどうなるかな？

● ゼラチンの量を減らすとグミはどうなるかな？

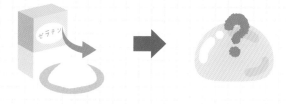

● ゼラチンはお鍋に直接入れて溶けるかな？

● ゼラチンはレンチンで溶けるかな？

ゼラチン量のちがい

ゼラチンは混ぜる量を変えると、かたさが変化します。

しっかり固めたいお料理の代表選手に、煮こごりやゼリーなどがあります。やわらかく固めたいお料理の代表選手には、ムースやマシュマロなどがあります。どれもゼラチンを使った料理ですが、量を多くしたり少なくしたりして調整すると、かたさが変わるんですね。

かたい

かたさ

やわらかい

煮こごり

レアチーズケーキ

ゼリー

プリン

ムース

マシュマロ

煮こごりは、魚や肉を煮たあとの
煮汁を冷やして、ゼリーのように固めた
お料理のことだよ

ゼラチンの溶かし方

　スーパーの製菓コーナーや、通販サイトで売っている家庭用のゼラチンには、おもに粉ゼラチンと顆粒ゼラチンがあります。

　粉ゼラチンは、だいたい5倍くらいの量の水に入れて数分間置いておき、ふやかしたあとに、温めた液体に溶かして使います。

　顆粒ゼラチンは、粉ゼラチンよりもカンタン。水にふやかす必要はなく、温めた液体に直接ふり入れて使うことができます。ただし、冷たい液体に入れるときは、1度お湯に溶かす必要があります。

　手軽にグミを作りたいときは顆粒ゼラチンを選んでください。

粉ゼラチンは水で
ふやかしてから使うよ

顆粒ゼラチンは直接お鍋に
入れられてラクちんさ♪

粉と顆粒は見た目が似ているから
パッケージをよく読んでね!

透明度が高くにおいのないゼリーができ
★顆粒状だから・・・
ふやかす手間なく溶けやすい!

グミのかたさを変えよう

実験室❷ かたいグミ

難易度

むっちりハードグミ

必要な道具

計量カップ　ゴムベラ　スプーン

計量器

つまようじ

小さめの鍋　　型

バット

材料

リコピンたっぷり赤グミ	鉄分たっぷり紫グミ
はちみつ ・・・・・30g	プルーン・・・・・・30g
グラニュー糖 ・・・30g	グラニュー糖 ・・・30g
赤野菜ジュース ・75ml	紫野菜ジュース 75ml
顆粒ゼラチン ・・・15g	顆粒ゼラチン ・・・15g

まずは野菜たっぷりハードグミを作ってみよう

げ！！　味の方がハードなんですけど…

実験ポイント

かたいグミにはどのくらいゼラチンを入れるかな？
ゼラチンはふやかさなくて溶けるかな？

実験 2 スタート

1

赤野菜
ジュース
75ml

① 赤野菜ジュース75ml、はち
みつ30g、グラニュー糖30g
を鍋に入れ、弱火にかけ
て混ぜながら煮詰める

はちみつ30g

グラニュー糖
30g

紫グミの場合は
紫野菜ジュースと、
はちみつの代わりに
プルーンを入れてね

紫野菜
ジュース
75ml

プルーン
30g

実験ポイント

実験❶ではゼラチンを
10g入れたけど、今回は
15g入れるよ

ゼラチン量のちがいについてきっちり
知りたい場合は、どれか1つレシピを
選んでゼラチン量だけ変えながらトラ
イしてみてね！

調理ポイント

2

顆粒は直接入れて OK。
でもダマ（溶けずに固まって
しまうつぶつぶのこと）防止に、
まんべんなく入れてね

顆粒ゼラチン
15g

② ①を軽く沸騰させてから火を止めて、鍋に顆粒ゼラチン15gを少しづつふり入れる

3

③ ゼラチンの粒が無くなるまで混ぜながらしっかり溶かす

4

④ ゼラチンが溶けたら、グミ液を型に流しこむ

5

⑤ 冷蔵庫で2時間以上冷やしたら、型から取り出して完成！

つまようじを使って
角からとるとキレイに
仕上がるよ

食べてみよう！

どれどれ〜。うわ！
めっちゃかたい！！
まぁ、味は野菜ジュース
だけどね…

顆粒ゼラチンは
直接お鍋に
入れても溶けたね。

野菜だけのジュースが
どうしてもニガテな場合は
フルーツ入りの野菜
ジュースもおススメだよ。

実験 2 まとめ

- ゼラチンの量を増やすとグミがかたくなる
- 顆粒ゼラチンは直接グミ液に入れて溶かすことができる

試してみてね！

- ゼラチンの量をもっと増やしたらどうなるかな？
- 実験❶のレシピでゼラチンを15gにしたらどうなるかな？

★ハードグミは形がしっかりしてくずれにくいから、
スティックに刺して、お友達にプレゼントしても楽しいね

実験室❸ やわらかいグミ

難易度

ぷにゅんなチョコグミ

材料

チョコレート ‥‥50g

顆粒ゼラチン ‥‥3g

牛乳 ‥‥‥‥‥50ml

ココアパウダー ‥適量

必要な道具

カップなどの容器

計量カップ

ゴムベラ

マドラー

包丁

まな板

電子レンジ

耐熱容器

計量器

クッキングシート

バット

野菜を頑張って食べたご褒美に、
お次はチョコ味でどう？

それはイイね！ 大賛成♪

第2章　ゼラチンの性質

実験ポイント

やわらかいグミにはどのくらいゼラチンを入れるかな？
ゼラチンは電子レンジで溶けるかな？

実験 3 スタート

チョコレート
50g

① 耐熱容器にチョコレート
50gを小さく割り入れる

調理ポイント

② ①を電子レンジ（500
W）で約1分40秒加熱
する

チョコレートが溶け切っていな
かったら10秒ずつ、再加熱してね。
※一気に長時間加熱すると
焦げちゃうから
様子を見ながらね！

うすめの板チョコを
小さく割ると
溶けやすいヨ

実験ポイント

3

実験①ではゼラチンを10g入れたけど、今回は3g入れるよ

※ ゼラチン量のちがいについてきっちり知りたい場合は、どれか1つレシピを選んでゼラチン量だけ変えながらトライしてみてね!

③ 牛乳50mlに顆粒ゼラチン3gをふり入れて、電子レンジ(500W)で約40秒加熱する

顆粒ゼラチン3g
牛乳50ml

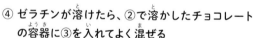

④ ゼラチンが溶けたら、②で溶かしたチョコレートの容器に③を入れてよく混ぜる

5

クッキングシートは、バットを包むようにしく

⑤ 均一に混ざったら④をクッキングシートをしいたバットに流しこむ

⑥ ⑤を冷蔵庫で2時間以上冷やしたら、クッキングシートからはずして、好きな形にカットする

ココアパウダー適量

⑦ ⑥にお好みでココアパウダーをまぶしたらでき上がり

食べてみよう！

今までのグミより
ぷにゅにゅんと
やわらかいね。

とろけるような
食感の
チョコレート
グミになった〜。

牛乳にゼラチンを混ぜて
溶かすの結構むずかしいね。
ダマ（つぶつぶしたゼラチンの
かたまり）がちょっとのこちゃった。

実験 3 まとめ

- 電子レンジで加熱してもゼラチンは溶ける
- ゼラチンを減らすとやわらかくなる
- ダマになったものは加熱してものこる

試して
みてね！

- ホワイトチョコにしたらどうなるかな？
- 実験❶のレシピでゼラチンを5gにしたら
  どうなるかな？

グミになるかな!?①
〜寒天が固まるワケ〜

ゼラチンのほかにも食べものを固めるものってある?

そうだねぇ、いろいろあるよ。
まずは寒天が代表選手かな

じゃあ、寒天でもグミって作れるんじゃないかな?

それはおもしろい発想だね! ボーダレスな今の
時代、ゼラチン以外も挑戦してみなくちゃね!

寒天ってなんだろう?

テングサ

寒天はテングサやおごのりという海藻を煮溶かして作られます。海藻は「食物繊維」の中の特に「水溶性食物繊維」というものが豊富です。食物繊維はお腹で吸収されないため、ゼラチン(たんぱく質)のように身体のパワーにはなりませんが、お腹の調子を整える重要なはたらきをしてくれます。

これがテングサ
日本の海の浅い場所でとれるよ

どんな特徴がある？

　寒天も溶かしたり固めることができる便利な食材の1つです。固める力がとても強く、ゼラチンと同じように液体と一緒に固めておくことができます。固まった状態を見てみると、ゼラチンはうすい黄色でほぼ透明なのにくらべて、寒天は白っぽく透明度は低いです。

　ゼラチンが50〜60℃で溶けて、だいたい20℃以下で固まってくるのに対して、寒天は90〜100℃で溶け、およそ50℃以下から固まり始めます。一度固まった寒天は70℃以上でまた溶け始めます。

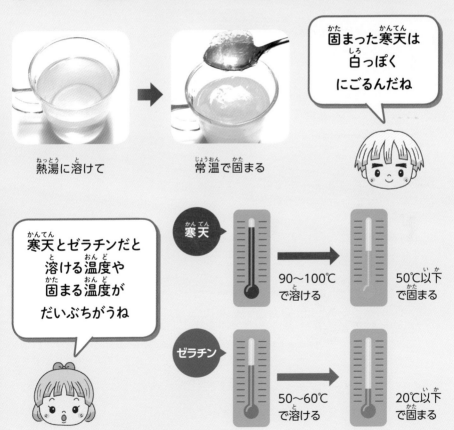

熱湯に溶けて

常温で固まる

固まった寒天は
白っぽく
にごるんだね

寒天とゼラチンだと
溶ける温度や
固まる温度が
だいぶちがうね

寒天　90〜100℃で溶ける　→　50℃以下で固まる

ゼラチン　50〜60℃で溶ける　→　20℃以下で固まる

なんで固まるの？

寒天はテングサなどの海藻を煮溶かして作った寒天液を、冷やして固め、乾燥させたものです。

寒天が温度によって溶けたり固まったりする理由は、ゼラチンと同じようなイメージです。まず、寒天をお湯で煮溶かすと、水と熱によってからまり合った食物繊維がほどけていきます（ゾル化）。この繊維がバラバラな状態をランダムコイルといい、まだ液体のままです。そして冷やしていくと、ほどけた食物繊維が近づいていきます（二重らせん構造）。さらに冷やし続けると、網目状にならびます（ネットワーク構造）。この網目の中に水分を閉じこめるため、液体が固まります（ゲル化）。

液体　　　　　冷やす　　　　個体（ゼリー）
　　　　　　　加熱する

ゾル化　　　　　　　　　　　　ゲル化

ランダムコイル　　二重らせん構造　　ネットワーク構造

ゼラチンと似たような原理だね

繊維が鎖のように
からまり合って固まっていくんだね

48

寒天の形状と使い方

　寒天もゼラチンと同じくスーパーの製菓コーナーや通販サイトなどで購入できます。形状がいくつかあり、おもに棒状・糸状・粉状の3つがあります。

　棒寒天と糸寒天は、一晩水でふやかしてから使います。粉寒天はふやかす必要はなく、そのまま溶かして使えます。どれも一度沸騰させて煮溶かしたり、熱湯に入れて溶かしたりしてから冷やし固めましょう。

　また、寒天は、酸に弱い性質があります。酸味の強い食材と一緒に煮立てると固まらなくなることがあるので、レモン果汁などをたくさん使うときは注意が必要です。

糸寒天

棒寒天

粉寒天

酸っぱいジュースを入れたいときは
火を止めてから加えてね

どんな料理に使われている？

　寒天は和菓子や中華菓子で多く使われています。代表的な和菓子では、ようかん、寒天ゼリー、ところてんなどに使われています。中華菓子では杏仁豆腐が代表選手です。デザート系だけではなく、和食にも活用されています。

栗ようかん

杏仁豆腐

ところてん

杏仁豆腐にも
寒天が
使われてるの！？

日本各地の郷土料理でもよく使われるよ

竹ようかん (三重県)

錦玉 (京都府)

卵寒天 (山形県)

グミになるかな!?①
特別実験① 寒天 VS ゼラチン

難易度

カルピス寒天グミ
カルピスグミ

材料

★カルピス寒天グミ

水あめ ・・・・・25g
粉寒天 ・・・・・5g
カルピス原液 50㎖
水・・・・・・・・50㎖
レモン汁 ・・・大さじ1

★カルピスグミ

水あめ ・・・・・25g
顆粒ゼラチン・5g
カルピス原液 50㎖
水・・・・・・・・50㎖
レモン汁 ・・・大さじ1

必要な道具

カップなど
の容器

計量
スプーン

ゴムベラ

計量カップ

キッチン
ペーパー

計量器

型

小さめの鍋

バット

こっちは
寒天の
カルピスグミ

こっちは
ゼラチンの
カルピスグミ

対決するからには寒天とゼラチンの量は同じにしてみようよ！

よーし、寒天VSゼラチン実験開始！

実験ポイント

寒天で作るグミとゼラチンで作るグミはどんなちがいがあるかな？

特別実験① ♪スタート 実験ポイント

1

カルピス寒天グミ

水
50ml

粉寒天
5g

寒天は最初に入れる

① 鍋に水50ml、寒天5g入れて混ぜながら、火にかけ沸騰させる

カルピスグミ

① 鍋に水50ml、水あめ25gを入れて火にかけ、混ぜながら沸騰させる

水
50ml

水あめ
25g

2

水あめ
25g

② ①で寒天が溶けきったら水あめ25gを入れて混ぜる

ゼラチンは粗熱を取ってから入れる

② ①の火を止めて、顆粒ゼラチン5gを入れて混ぜる

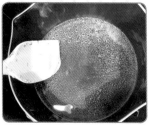

顆粒ゼラチン
5g

52

カルピス寒天グミ	カルピスグミ

3

カルピス
原液 50㎖

③ ②の火を止めて、カルピス
原液50mlを入れて混ぜる

③ ②にカルピス原液50mlを
入れて混ぜる

カルピス
原液 50㎖

調理ポイント

カルピス原液は高温だと
分離しやすいから、どちらも
火を止めてから入れると
いいよ♪

4

レモン汁
大さじ1

 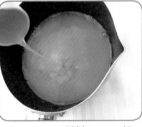

④ ③にレモン汁大さじ1を加え
て混ぜる

④ ③にレモン汁大さじ1を加え
て混ぜる

レモン汁
大さじ1

5

水
少量
（分量外）

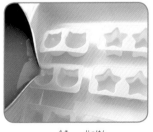

⑤ ④のグミ液を、あらかじめ水
でぬらした型に流しこむ

⑤ ④のグミ液を、実験❶(p29)
のようにサラダオイルをうす
くぬった型に流しこむ

サラダオイル
少量
（分量外）

53

カルピス寒天グミ

カルピスグミ

⑥ ⑤の型を冷蔵庫で30分以上冷やし、型から取り出して完成!

⑥ ⑤の型を冷蔵庫で2時間以上冷やし、型から取り出して完成!

食べくらべてみよう♪

カルピス寒天グミ

寒天の方はすごくサクサクした食感!

カルピスグミ

全く同じ量にすると、寒天はしっかり固まってゼラチンの方はだいぶトロンとした食感だね。

寒天はちょっと独特な香りがするね。海藻からできているから磯の香りがのこっているのかな。

寒天 VS ゼラチン

第1戦
粉末が溶ける速さ

勝者ゼラチン！

第2戦
グミが固まる速さ

勝者寒天！

第3戦
グミのかたさ

勝者寒天！

第4戦
グミのおいしさ

引き分け

どっちもおいしい♪

第2章 ゼラチンの性質

ゼラチン ☞ 寒天に置きかえるときは

- ゼラチンと同じくらいのかたさにしたいときは
  ゼラチンの量に対して寒天は1/3くらいが目安
- 粉寒天は加熱前に加えてから沸騰させる(つぶつぶ防止)
- 寒天は沸騰後、2〜3分しっかり煮溶かす

試してみてね！

- 砂糖を全く入れない寒天とたくさん入れた寒天は
  どんなちがいがあるかな？
- 寒天グミとゼラチングミを温かい部屋において
  おいたらどうなるかな？

どこでグミの型を買えばいいのかな？

お友達のママがスーパーにグミの型が売っていないと困っていたよ

スーパーよりも100円ショップの方がいろいろな型を売っているから、そう教えてあげて

うん。わかった。うちのグミの型も近くの100円ショップで買ったんだ？

そうよ。特にバレンタインの近くになると、かわいいチョコレートの型が売り出されるから、それをグミの型に使うのが、おすすめよ！

シリコンで作られた型がいいの？

お菓子でつかう金属の型でもOK。でも、シリコンの型がおもしろいものが多いかな

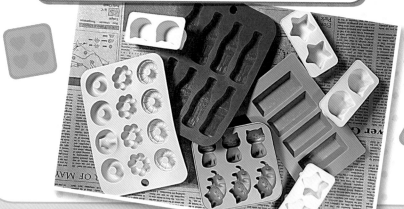

第3章

グミに色を
つける

グミの色を変えよう
〜食紅で好きな色に染めてみよう〜

ねえ。売ってるグミにはいろんな色があるよね。赤や黄色やオレンジだけじゃなくて、青とか紫とか黄緑とか

そうだね。たくさんの色があると楽しいよね

そんなカラフルなグミって、家でも作れないのかな〜?

それなら、食紅っていう着色料があるよ。好きな色に食品を染められる、すぐれものヨ♪

それと、ウビンくんとおたまちゃん。もひとつオマケで、暗いところで光るグミも作ってみない?

なになに! それどっちも超楽しそう!やってみよう!

テーマ

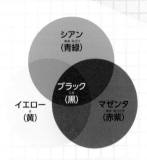

- 食紅と三原色に
ついて知ろう

- カラフルな
グミを作ってみよう

- 蛍光について知ろう

- 光るグミを作ってみよう

- 食材の色を生かして
グミに色をつけて
みよう

食紅ってなんだろう?

　食紅は食べものに色をつける食材です。昔はベニバナという植物を乾燥させて使っていました。食紅といっても、紅色（赤）だけでなく、青色や黄色になる食材も食紅とよびます。青色や黄色になる食紅はクチナシという植物から作っていました。クチナシの花は白い色ですが、実はオレンジ色です。この実から黄色や青の食紅が作られます。でも、最近は植物を使わない、人工的に作られた食紅が多く使われていて、それらは人工色素とよばれています。

ベニバナやクチナシは、
はるか昔の奈良時代には、
すでに使われていた
染料なんだよ

ベニバナ

クチナシの実と花

どんな特徴がある?

　食紅は食用なので、もちろん食べることができます。お菓子やお料理の色をはっきりさせたり、いろどりを足したいときに使います。食品に混ぜると、食紅の色をつけることができます。

　また、絵を描くときに使う絵の具のように、食紅どうしを混ぜてほかの色に変えることもできます。特に人工色素は、熱を加えたり、冷やしたりしても色があせずにあざやかです。

　食紅は食品以外では、口紅などの化粧品に使われることもあります。

食材の色だけではもの足りないときにも便利だよ

ママが使っている
口紅やアイシャドウにも
使われているよ

三原色について知っておこう

　食紅は赤、青、黄の3色を売っていることが多いのですが、なぜだかわかりますか？　実はこの3色があれば、たいていの色を作ることができるんです。

　色には「三原色」というものがあって、この3つの組み合わせによってほぼすべての色が作れます。色のもとになっている3つの色とはシアン(青緑)、マゼンタ(赤紫)、イエロー(黄)です。日本語でいうところの赤・青・黄にだいたい当てはまるので、食紅はこの3色がスーパーにならんでいるんですね。

　ほぼすべて、といったのは、白だけはどの組み合わせでも作れないからなのです。

色の三原色

三原色はさまざまな色のもとになっているよ。これらを組み合わせることでほかの色になるんだよ!

色って
作れるんだね!

三原色から色を作ってみよう!

　食紅の場合、赤と青を同じ量で混ぜると紫になります。赤と黄を同じ量で混ぜるとオレンジになります。青と黄を同じ量で混ぜると緑になります。

　食品に直接食紅を入れても使えますが、水やお湯に溶かしてから混ぜるときれいに溶けるので使いやすくなります。

カラーパレット

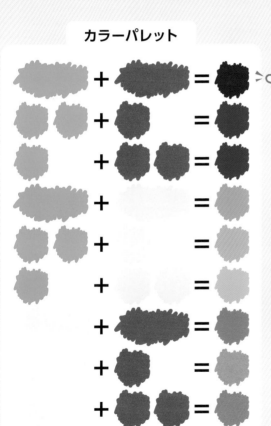

赤と青を足すと
紫になるんだね!

これは一例だよ。
色にグラデーションを
つけたいときは、
少しづつ食紅の配分を
変えるといいよ♪

食紅はどこで売っている？

　100円ショップやスーパーほか、ドラッグストアなどに売っています。たいていは、お菓子作りに必要な材料がそろっている製菓コーナーに置いてありますが、わからないときは店員さんに聞いてみましょう。また、通販サイトでも買うことができます。

　スーパーなどの実際のお店では、食紅の基本の色の「赤」「青」「黄色」の3色が置かれていることが多いです。通販サイトでは色の種類が豊富。「緑」や「オレンジ」、「紫色」、「黒」などさまざまです。

　ひとくちに食紅といっても、形状にちがいがあります。粉状や液体のほかにも、ジェル状やマーカーがあります。ペン型のマーカーは細かい絵や文字がかきやすいので、お菓子のデコレーションにおすすめです。

食紅はカンタンに手に入りそうだね！

この状態で売っていることが多いよ

どんな料理に使われている？

　和食・洋食でも、和や洋のお菓子でも、食紅は幅広く使われています。特に色をあざやかにつけたいお料理には欠かせないアイテムです。日本ではお赤飯や紅白まんじゅうに上生菓子、海外ではアメリカの独立記念日の赤やブルーのゼリー、フランスのマカロンなど。お祝いごとやパーティーなどでは必ずといってよいほど使われていますよ。

マカロン

紅白まんじゅう

独立記念日のゼリー

上生菓子

カラフルなお菓子や料理がたくさん！
グラデーションもできるんだ！！
すっごくキレイだね〜

見た目がとても華やかになるから、
季節感を出したり、お祝いごとにはピッタリだね！

実験室❹ 色とりどりグミ

難易度

カラフルグミ

材料

水あめ ・・・・・・・・・ 60g

顆粒ゼラチン ・・・・・ 15g

サイダー ・・・・・・・・・ 200ml

食紅(食用色素) ・・・ 赤、青、黄

お湯 ・・・・・・・・・・・ 少量

カップなどの容器

計量カップ

ゴムベラ　スプーン

耐熱容器

計量器

小さめの鍋

型

バット

博物館の鉱石みたい〜♪

さっそくカラフルなグミを
作（つく）ってみよう！

ボクは紫（むらさき）のグミを作（つく）ってみようっと

実験（じっけん）ポイント

食紅（しょくべに）をどのくらい混（ま）ぜたら色（いろ）がつくかな？
食紅（しょくべに）の配合（はいごう）をどうすると好（この）みの色（いろ）がつくかな？

実験（じっけん）4 スタート

1

食紅（しょくべに）（赤（あか）・青（あお）・黄（き））
適量（てきりょう）

お湯（ゆ）
少量（しょうりょう）

① それぞれの色（いろ）の食紅（しょくべに）を別々（べつべつ）
の容器（ようき）に入（い）れ、あらかじめ
少量（しょうりょう）のお湯（ゆ）で溶（と）かしておく

紫（むらさき）　　オレンジ

黄（き）　　緑（みどり）

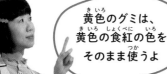

黄色（きいろ）のグミは、
黄色（きいろ）の食紅（しょくべに）の色（いろ）を
そのまま使（つか）うよ

紫（むらさき）、オレンジ、
緑（みどり）の色（いろ）の作（つく）り方（かた）は、
次（つぎ）のページへGO！

67

P63にあるカラーパレットを
参考に色を作ろう

青＋赤

紫

カラー
パレット
＋
＝

青っぽい紫にするには食紅の分量を青：赤＝2：1にすればOK

黄＋赤

オレンジ

カラー
パレット
＋
＝

このオレンジは、食紅の分量が黄色：赤＝1：1かな

青＋黄

緑

カラー
パレット
＋
＝

緑色も、青：黄色＝1：1の食紅の割合でいけそうだね

2

水あめ
60g

サイダー
200ml

お砂糖は使わないで、
水あめとサイダーだけで
甘みをつけるのかな?

② 鍋に水あめ60g、サイダー
200mlを入れ、混ぜながら
沸騰させる

顆粒ゼラチンなら
直接入れてOK!
沸騰させたら、②の液を
少し落ち着かせてから
ゼラチンを入れてね

3

顆粒ゼラチン
15g

③ ②の鍋を火からおろして、顆
粒ゼラチン15gをふり入れ、
よく混ぜて溶かす

第3章 グミに色をつける

69

調理ポイント

色をつける前に
グミ液を
取りわけるよ!

4

④ ③のグミ液を耐熱容器にわけて入れる

4色つくるから、
4つのカップに
わけてね

5

⑤ あらかじめお湯に溶かしておいた食紅をグミ液に混ぜ、色をつける

グミ液は熱いから
耐熱容器を使うと
安心だよ♪

6

グミ液が型からあふれて、色が混ざらないように!

⑥ ⑤で着色したグミ液を型に流す

7

⑦ ⑥の型を冷蔵庫で2時間以上 冷やし、型からはずしたら完成

食べてみよう！

色とりどりの
宝石みたいな
グミができたーⅡ

食紅を入れる
量で色の濃さも
変わるね。

色はちがっても
味はみんな
同じだね。

食紅をどばっと
入れたら濃くなり
すぎちゃった…

実験 4 まとめ

- 食紅(食用色素)はお湯に少量溶かして使う
- 味はどの色も同じ
- 赤＋青＝紫、青＋黄＝緑、黄＋赤＝オレンジになる

試して
みてね！

- 三原色(赤・青・黄)を全部混ぜたら何色になるかな？
- 色のついているジュースと混ぜたら
  色はどう変化するかな？

ぶどう

りんご

オレンジ

グミの色を変えよう

～光らせてみよう～

光の特徴を知ろう

　人の目には見える光と見えない光があります。空に虹が出たときに見える紫から赤の光が、「可視光」という人に見える光です。

　ここからちょっとむずかしい話になるのですが、光は波の形を持っています。波の山と山の間隔のことを、波長とよびます。この波長が変わると光の色が変わります。そして、可視光の波長はおよそ380～750nmと決まっています。この波長が、可視光の範囲より大きくても小さくても人には見えません。

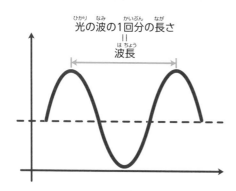

光の波の1回分の長さ
＝
波長

波長は波の幅のこと。
人に見えるのは、
波の一部分なんだよ

　波長が長くて見えない光を「赤外線」、波長が短くて見えない光を「紫外線」といいます。右ページの図で、可視光の範囲（色の帯）を見ると、波長の長い方のはじっこは赤、反対側の短い方のはじっこは紫になっていますよね。その外にあるという意味で、見えない光の波長の長い方と短い方は、それぞれ「赤外線」「紫外線」という名前になっています。

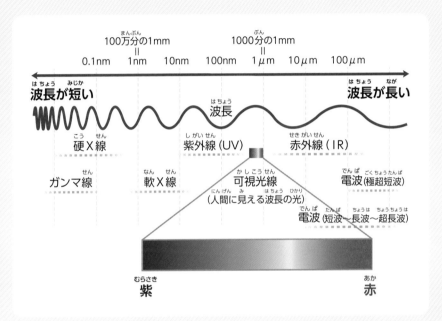

100万分の1mm
=
0.1nm   1nm   10nm   100nm   1μm   10μm   100μm

1000分の1mm
=

波長が短い   波長が長い

波長

硬X線   紫外線 (UV)   赤外線 (IR)

ガンマ線   軟X線   可視光線   電波(極超短波)
                    (人間に見える波長の光)
                                電波 (短波〜長波〜超長波)

紫   赤

　左ページの話は理解がむずかしくても、紫外線という言葉はみなさん聞いたことがあると思います。日焼け止めクリームなどに"紫外線をブロック"などと書いてありますよね。
　この紫外線が蛍光に関係してくるので、ちょっとおぼえておいてくださいね。

蛍光ってなんだろう？

　さて、では先ほど出てきた紫外線ですが、当てると別の光を出す特徴を持ったものがあります。それが「蛍光」なのですが、これまたちょっとむずかしいですね。

　みなさんが勉強で使う蛍光ペン、これが蛍光の特徴を持つ代表選手です。マーカーで線を引くとなんだかチカチカと明るい感じがしますよね。蛍光ペンはインクが光の波の一部を吸収して別の光を出しているのです。蛍光ペンから出て来る光は見えるので、マーカーの部分が目立つようになっているのです。

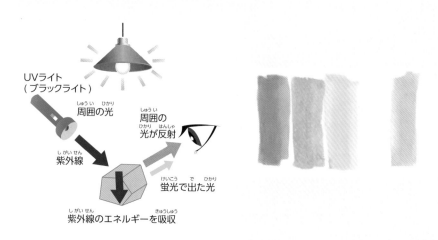

UVライト
(ブラックライト)
周囲の光
紫外線
紫外線のエネルギーを吸収
周囲の光が反射
蛍光で出た光

ものに当てるとはね返ってくる光と、ブラックライト（紫外線）を当てると出てくる光の両方が目に飛びこんでくるから明るく見えるんだね

暗いところで光って見える仕組み

　蛍光マーカーやそのほかの蛍光の特徴を持ったものに紫外線を当てると、暗い所でも光って見えます。

　目に見えない紫外線の光を吸収して、代わりに目に見える光となって出て来ているので、明るく光っているように見えるんですね。

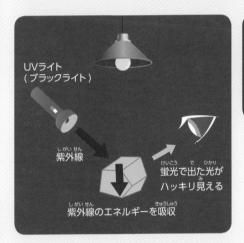

UVライト
（ブラックライト）

紫外線

紫外線のエネルギーを吸収

蛍光で出た光が
ハッキリ見える

ブラックライトは
100円ショップや、
通販サイトで買えるよ

蛍光の食品にはこんなものがある

　食品の中にも蛍光の特性を持ったものがあります。ビタミンB2やビタミンB6が入った飲みものはブラックライトを当てると光ります。どちらもドラッグストアやコンビニで見かける栄養ドリンクによく入っています。ドリンクの裏側に書いてある栄養成分表示をチェックしてみましょう。

タウリン‥‥1000mg	ニコチン酸アミド
ビタミンB1硝酸塩	‥‥‥‥‥‥20mg
‥‥‥‥5mg	カルニチン塩化物
ビタミンB2 リン酸	‥‥‥‥‥‥100mg
エステル‥‥5mg	無水カフェイン
ビタミンB6‥‥5mg	‥‥‥‥‥‥50mg
添加物：果糖ブドウ糖液糖、アルコール、プ	

グミの色を変えよう

実験室❺ 蛍光のグミ

難易度

ヒカルB組

材料

水あめ ・・・・・・・・・・・30g

顆粒ゼラチン ・・・・・・10g

ビタミンドリンク ・・・・100㎖

（※ビタミンB2やB6の入って

いるもの）

レモン汁・・・・・・・・・・少量

必要な道具

カップなどの容器　計量カップ　ゴムベラ　スプーン

ブラックライト

計量器　小さめの鍋　型　バット

76

暗闇で光るグミを作ってみよう！

ドキドキ、楽しみ！！

実験ポイント

暗い場所でブラックライトを当てると光るかな？

実験 5 スタート

① 実験ポイント

水あめ
30g

ビタミンドリンク
100ml

この場合はコッチがおススメ

```
                    ·1000mg
ミンB1)········5mg
テルナトリウム(ビタミンB2)10mg
ビタミンB6)·······10mg
                    ·20mg
                    ·10mg
                    ·50mg
ア   ルファムK、精製ステビア油
  シ酸Na、沒食子酸プロ
```

総量多め ▶

エネルギー	79kcal
タンパク質	0g
脂質	0g
炭水化物	19g
食塩相当量	0g
ビタミンB2	2.4mg
ビタミンB6	4.9mg
ナイアシン	12mg
ビタミンC	220mg

総量少なめ

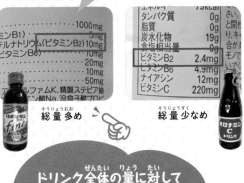

ドリンク全体の量に対して
ビタミンB2がたくさん入って
いるものがよく光るよ

① 鍋に水あめ30g、ビタミン
ドリンク100mlを入れる

77

実験 5

顆粒ゼラチン
10g

レモン汁
少量

② 軽く沸騰させてから火を止めて、顆粒ゼラチン10gを少しづつふり入れて混ぜる。ゼラチンが溶けたらレモン汁を少量加える

③ ②のグミ液を型に入れて冷蔵庫で2時間以上冷やして固め、型から取り出したらでき上がり！

ブラックライトを当ててみよう

電気を消して
ブラックライトを
当てると…

本当に
光った！

78

食べてみよう！

味はビタミンドリンクの甘酸っぱい味だね。

ブラックライトを当てたら、きれいに光ったね。

ビタミンドリンクの独特の味がニガテな場合は、水あめの代わりにはちみつとかでアレンジした方がいいかなぁ。

実験5 まとめ

- ビタミンB2やB6には蛍光の特徴がある
- 蛍光の食べものにブラックライトを当てると暗いところで光る
- 蛍光の特徴を持ったものは身のまわりのものにもある

試してみてね！

- ほかのドリンクを入れてブラックライトを当ててみるとどうなるかな？
- ブラックライトを当てると光る食材はほかにもあるかな？

グミの色を変えよう
実験室❻ パステルカラーのグミ

難易度

菱餅グミ

材料

水あめ ‥‥‥‥ 70g

グラニュー糖 ‥‥ 30g

顆粒ゼラチン ‥‥ 15g

牛乳 ‥‥‥‥‥ 300㎖

Ⓐ 抹茶パウダー ‥‥‥‥‥ 大さじ1

Ⓑ ヨーグルト ‥‥‥‥‥‥ 大さじ2

Ⓒ アイシングシュガー(イチゴ) 大さじ1

必要な道具

カップなど
の容器

計量カップ

計量スプーン

小さめの鍋

計量器

ゴムベラ　スプーン

型

バット

クッキングシート

80

食紅だけだと、白やパステルカラーの
グミが作れないねぇ

食紅にたよらないで、もともと色のついている
牛乳や抹茶なんかを活用してみたらどうかな?

実験6 スタート

実験ポイント 色のついている食材を使って
グミを作るとどうなるかな?

1

抹茶パウダー
アイシング
シュガー(イチゴ)
各大さじ1

① 抹茶パウダーとアイシングシュガー、それ
ぞれ大さじ1ずつをお湯で溶かしておく

①では材料とは別に
準備した少量の熱湯で
溶かしておこう

2

水あめ
70g

顆粒
ゼラチン
15g

ゼラチンは
火を止めて
から

グラニュー糖
30g

牛乳
300ml

② 鍋に水あめ70g、グラニュー糖30g、牛乳300ml
を入れて煮溶かし、火を止めてから顆粒ゼラチン
15gを入れてよく混ぜる

3

ヨーグルト
大さじ2

Ⓐ

Ⓑ

Ⓒ

③ ②で作ったグミ液を3等分して、Ⓐには①の抹茶を溶かす　Ⓑにはヨーグルト大さじ2を溶かす　Ⓒには①のアイシングシュガー（イチゴ）を溶かす

4

Ⓐ

Ⓑ

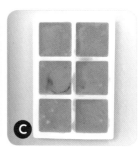Ⓒ

④ ③のⒶⒷⒸをそれぞれうすくて四角い形の型に流しこむ

5

⑤ ④の型を冷蔵庫で1時間以上冷やしたら型からはずす

6

クッキングシートの
上だと
作業しやすいヨ♪

⑥ 四角いグミを緑、白、ピンクの順に重ねたら完成！

食べてみよう！

抹茶味がちょっと
ビターで和風なグミに
なったね！

白い層はヨーグルトと
牛乳にしたから
甘すぎずサッパリ♪

のせるだけじゃ
グミどうしのくっつきが
弱いね。

実験 6 まとめ

- 食材の色を生かして着色することもできる
- 食材どうしを混ぜて色を作る場合は味と色のバランスもポイント
- 重ねただけではグミどうしがはずれやすい

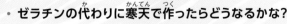

深めの型にして型に1色
流しこんで、固まってから
次のグミ液を入れると、
3層がしっかりつくヨ！

試して
みてね！

- ゼラチンの代わりに寒天で作ったらどうなるかな？
- アイシングシュガーの代わりにイチゴジャムを
  いれたらどうかな？

いちご

83

グミになるかな!?②
〜アガーが固まるワケ〜

あのさ。固めることができる食材って、ゼラチンと寒天だけなのかなあ？

おっ、おたまちゃんするどい！
そうなんだよ、ほかにもまだあるのだよん

やっぱりそうなんだ！ なんていうの？

アガーっていう食材だよ

ナニソレ！ 聞いたことない名前〜。
ホントに食べものなの？？

モチロン！ アガーでもグミが作れちゃうんだよ

どうなるんだろう？ 気になる〜！
さっそく、試してみようよ！

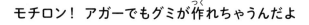

　アガーはスギノリやツノマタという海藻からとれる食物繊維から作られます。スギノリやツノマタは日本でもとれ、生で食べたり干したりして、さまざまな料理にも使われます。

　ほかにもアガーは、キャロブやイナゴ豆という豆の種などからも作られます。キャロブも食物繊維が豊富で、鉄分やカルシウムも多くふくまれています。鉄分は血を作るもとに、カルシウムは骨を作るもとになります。キャロブは栄養満点の食材で、スーパーフードともよばれているんですよ。

これはスギノリという海藻

スギノリ

こっちはキャロブという豆だよ

キャロブ豆

どんな特徴がある？

　アガーも溶かしたり固めることができる便利な食材の1つですが、ゼラチンや寒天にくらべて聞きなれない人も多いと思います。アガーもゼラチンのように液体と一緒に固めておくことができます。およそ90〜100℃で溶け、およそ40℃以下から固まり始めます。一度固まったアガーはおよそ60℃以上でまた溶け始めます。

　アガーは、味やにおいがなく、透明なのが特徴です。食感は、ゼラチンと寒天の間くらい。ぷるんとしていて弾力があり、やわらかくて舌ざわりがなめらかです。きれいにすきとおっているので、素材の色や味を生かしたゼリーに向いています。

アガーの特徴

熱湯に溶けて　　　　　常温で固まる

30〜40℃では溶けないので、
夏でも常温で持ち運びOK！

なんで固まるの？

アガーの原料であるスギノリやツノマタのような海藻も、キャロブやイナゴ豆のような種も、食物繊維がたっぷり入っているので、固まるしくみは寒天と同じです。

温めると食物繊維がほどけて溶けます（ゾル化）。冷やすと食物繊維が網目状にならんで固まります（ゲル化）。

寒天とのちがいは、溶けたり固まったりする温度が異なるところです。

アガーと寒天でも
固まる温度が
ちがうんだね！

固まり始める温度

アガー
40℃以下

寒天
50℃以下

ゾル化とゲル化

食物繊維

加熱 →

ゾル化

冷却

ゲル化

アガーも、温めて溶かすと
食物繊維がばらけるから、
とろ～りとするんだね

そうだね。反対に冷やして固めると、食物繊維がならんでがっちり液体を閉じこめるんだよ

アガーの形状と使い方

　アガーもゼラチンと同じく、スーパーの製菓コーナーや通販サイトなどで購入できます。粉状で売っていることがほとんどです。ものによっては、ゼリー用、ムース用などのちがいがあることも。購入前や使う前にしっかり確認するようにしましょう。

　90℃以上の熱い液体で溶かす必要がありますが、沸騰してしまうと固まる力が弱くなってしまいます。温度の管理が大事なポイントです。

　ゼラチンや寒天にくらべて、アガーはダマになりやすいので、液体に溶かす前に砂糖と混ぜておくとよいでしょう。また、一気に加えてもダマになってしまうので、少しずつ溶かすのがコツです。

コレが
ポイント！

① 沸騰直前の温度で溶かす
② 溶かす前に砂糖と混ぜておく
③ 一気に溶かさない

アガーは作った
デザートを
冷凍保存しておく
こともできるヨ

どんな料理に使われている？

　アガーは和菓子の水ようかんに始まり、洋菓子のゼリーやプリンまで幅広く使われています。ゼラチンよりもすきとおった仕上がりになるので、フルーツが見えるようにゼリーをデコレーションすると、とてもきれいです。フラワーゼリーというアートのようなゼリーにも活用されています。

わーすごい！
芸術作品
みたいだね♪

最近は天然水
だけを使った
水ゼリーも、
流行りだよ

グミになるかな！？②

特別実験② アガー VS ゼラチン

難易度

透明アガーグミ
透明グミ

材料

★透明アガーグミ

水あめ	50g
砂糖	20g
アガー	5g
水	60㎖
レモン汁	小さじ1
アラザン	適量

★透明グミ

水あめ	50g
砂糖	20g
顆粒ゼラチン	5g
水	60㎖
レモン汁	小さじ1
アラザン	適量

必要な道具

カップなどの容器

計量スプーン

ゴムベラ

計量カップ

キッチンペーパー

スプーン

計量器

型

温度計

小さめの鍋

バット

こっちは**アガー**の透明グミ

こっちは**ゼラチン**の透明グミ

対決だからアガーとゼラチンの量は
また同じにしてみよう！

よーし、アガー VS ゼラチン実験開始！

実験ポイント

アガーで作るグミとゼラチンで作るグミは
どんなちがいがあるかな？

特別実験② ♪ スタート

調理ポイント

1

透明アガーグミ

アガーを最初に
砂糖と混ぜる

アガー
5g

砂糖
20g

① あらかじめ砂糖20gとアガー
5gを混ぜておく

ダマ防止のために
アガーと砂糖は最初に
混ぜておこう

透明グミ

① 鍋に水60ml、砂糖20g、水あ
め50gを入れて沸騰させる

水
60ml

砂糖
20g

水あめ
50g

実験ポイント

2

とうめい
透明アガーグミ

とうめい
透明グミ

ゼラチン
かりゅう
顆粒
ゼラチン
5g

みず
水
60ml

水あめ
みず
水あめ
50g

ゼラチンは粗熱を
あらねつ
取ってから入れる

みず なべ
② 水60mlの入った鍋に①を
はい
ふり入れて火にかけて混ぜ
ひ ま
と
溶かす。①が溶け切ったら
と
みず と
水あめ50gを入れ、火を止め
い ひ と
レモン汁小さじ1を加える
じる こ くわ

なべ ひ と かりゅう
② ①の鍋の火を止めて、顆粒
ゼラチン5gを入れて混ぜる。
い ま
ゼラチンが溶けたらレモン
と
汁小さじ1を入れる
じるこ い

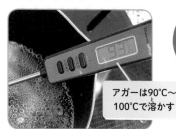

レモン汁
じる
小さじ1
こ

レモン汁
じる
小さじ1
こ

アガーは90℃〜
と
100℃で溶かす

ゼラチンは
あつ かた ちから
熱すぎると固まる力が
よわ
弱くなるよ

3

サラダ油

みず
水
しょうりょう
少量
ぶんりょうがい
（分量外）

サラダオイル
しょうりょう
少量
ぶんりょうがい
（分量外）

えき みず
③ ②のグミ液を水でぬらした
かた なが
型に流しこむ

えき
③ ②のグミ液をサラダオイルを
かた なが
うすくぬった型に流しこむ

みず
アガーでは水を、ゼラチンではサラダオイルを
かた かた
型にぬっておくと、型からはずしやすくなるよ

4

アラザン
適量

④ 粗熱を取ってからアラザン
を加え、そのまま固まるまで
置いておく

④ 粗熱を取ってからアラザン
を加える

アラザン
適量

> 熱々のうちにアラザンを
> 入れると溶けちゃうから、
> ちょっと冷ましてから
> 入れよう!

> ゼラチンは20℃
> 以下で固まるため
> 冷蔵庫へ

透明アガーグミ

⑤ ④の型を冷蔵庫で2時間以
上 冷やして固める

> 食べくらべてみよう♪

> アガーの方は
> ぷるんとした食感だね。

アガー　　ゼラチン

透明グミ

> 同じ量にすると、
> ゼラチンの方がアガーと
> くらべてやわらかいみたい。
> 口どけがいいね。

> アガーは
> 透明な仕上がりだね。
> ゼラチンはよく見ると、
> うっすら黄色っぽいかな。

第3章 グミに色をつける

93

アガー VS ゼラチン

第1戦
粉末のあつかいやすさ

勝者ゼラチン！

第2戦
グミの透明感

勝者 アガー！

第3戦
グミのかたさ

勝者 アガー！

第4戦
グミのおいしさ

どっちもおいしい♪

ゼラチン ☞ アガーに置きかえるときは

- ゼラチンと同じくらいのかたさにしたいときは
  ゼラチンの量に対してアガーは1/2くらいが目安
- アガーはあらかじめ砂糖と混ぜておく
- 90℃以上に加熱する(ぐつぐつ沸騰はさせない)

試してみてね！

- アガーを沸騰させてから固めたらどうなるかな？
- 同じレシピで寒天に置きかえたらどうなるかな？

第4章

グミの食感を研究

グミの食感を変えてみよう
〜クエン酸を使ってみよう〜

色は自在に変えることができるようになったから、今度は食感を変えてみたいな

おススメはクエン酸を入れるレシピかなあ

え？ なんで？
っていうか、そもそもクエン酸ってなに？

クエン酸は酸っぱい成分だよ。
グミに入れると弾力が出るんだよ

逆にふわっとさせる方法はある？

そうだね、重曹を入れてみるのはどうかな？

いろんな食感に変えられるんだね。
すげーおもしろそう！

第だい4章の テーマ

- クエン酸さんについて
  知しろう

- 弾力だんりょくのある酸っぱい
  グミを作つくってみよう

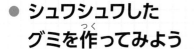

- 重曹じゅうそうについて
  知しろう

- シュワシュワした
  グミを作つくってみよう

- かたさのちがうグミを
  組くみ合あわせて食感しょっかんのちがい
  を出だしてみよう

第だい4章しょう グミの食感しょっかんを研究けんきゅう

97

クエン酸ってなんだろう？

「クエン酸」はレモン、ミカンなどのかんきつ系の果物や梅、お酢に入っている酸っぱい成分です。この酸っぱい成分は、疲れの原因となる「乳酸」というものを分解してくれます。疲れているときにクエン酸をとると、疲労回復が早くなります。たとえば、スポーツをするときに酸っぱいドリンクを飲んだり、酸っぱい飴をなめたりするのは、クエン酸の効果を期待しているからなんですね。

また、体内の糖を変化させ、エネルギーを作り出す役割もあります。ほかにも血液をサラサラにする効果や、「新陳代謝」を活発にする効果があります。新陳代謝とは、身体の中で新しい細胞が作られて、古い細胞と置きかわることをいいます。

クエン酸

酢
vinegar

酸っぱいだけ
じゃなく、いろんな
はたらきがあるんだね

疲労回復！

クエン酸を活用した食べものはこんなものがある

　クエン酸は、酸っぱい味つけをするためだけでなく、根菜類の色が黒ずむのを防いだり、ゆで野菜のくさみを消したり、大根おろしの辛みをおさえるときなどにも活躍します。また、ジャムに入れて保存料の役割もします。

　クエン酸を料理で使うとき、食品用のクエン酸が手もとになければ、レモン果汁やお酢などで代用できます。

第4章　グミの食感を研究

クエン酸には掃除用もあるよ。
買うときは食品用を選んでね

99

グミの食感を変えてみよう

実験室 ❼ 酸っぱくて弾力のあるグミ

難易度

スーパースッパイグミ

材料

水あめ ・・・・・・・・・ 30g
グラニュー糖 ・・・・・・ 30g
水 ・・・・・・・・・・・・ 75mℓ
顆粒ゼラチン ・・・・・・ 5g
レモン汁 ・・・・・ 15g(小さじ3)

必要な道具

カップなど
の容器　　　計量
　　　　　　カップ　　計量
　　　　　　　　　　　スプーン　ゴムベラ　スプーン

計量器　　小さめの鍋　　型　　　バット

酸っぱくて、食感もひと味ちがったグミを作ってみない？

スーパーってことは、超酸っぱいの！？どんな感じになるのかなあ……

実験ポイント

レモン汁（クエン酸）をたくさん入れると
グミはどんなふうに変身するかな？

実験7 スタート

1

水
75ml

水あめ
30g

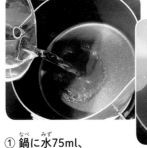

グラニュー糖
30g

① 鍋に水75ml、
グラニュー糖30g、水あめ30gを入れる

2

② ①を弱火で軽く沸騰させる

沸騰させて、
とろみをつけよう

101

3

顆粒
ゼラチン
5g

あわてないで、
粗熱をとってから
ゼラチンを入れてね

③ ②の鍋を火からおろし、顆粒ゼラチン5g
を入れてよく混ぜて溶かす

4

実験ポイント

レモン汁
15g

実験❶のオレンジグミでは
レモン汁10gを入れたよね。
今度は1.5倍の15gを
入れてみるよ!

④ ③のゼラチンが溶けきったら
レモン汁15gを加える

5

⑤ ④のグミ液を型に流しこむ

6

⑥ ⑤の型を冷蔵庫で2時間以
上冷やして、型からはずす

食べてみよう！

めちゃめちゃ
酸っぱい！！

酸っぱいだけ
じゃなく、グミの
食感がキュッと
ひきしまったね。

黄色っぽい
半透明のグミに
なるね！

色がうすかったら、
食紅で色を
つけてもいいね。

実験7　まとめ

・レモン汁（クエン酸）を多く入れると酸っぱくなる
・クエン酸を増やすとグミに弾力が出る

クエン酸
Citric acid

試して
みてね！

・食用のクエン酸粉末を入れたらどうなるかな？
・レモンジュースで試したらどうなるかな？
・レモン汁の代わりに、ゆずやライムなどの
　かんきつ果汁を入れたらどうなるかな？
・水あめやグラニュー糖の代わりに、はちみつを入れたら
　どうなるかな？

グミの食感を変えてみよう
～重曹でモコモコさせよう～

重曹について知ろう

「重曹」はいろいろな目的で料理に活用される食材です。お菓子作りでは、パンケーキや蒸しパンをふっくらと焼きあげるためによく利用します。パンケーキを焼くときに「ベーキングパウダー」というのをお母さんが使っているのを見たことがあるかもしれません。このベーキングパウダーと似たようなはたらきをしてくれます。

焼き菓子を作る場合、重曹はしっとりした食感のお菓子に向いています。

パンケーキ

洋風どら焼き

蒸しパン

重曹で
作ったお菓子も
おいしそ〜♪

重曹にも、食品用と掃除用が
あるから気をつけてね

炭酸ってなんだろう？

重曹は、別名「炭酸水素ナトリウム」といいます。食用の炭酸水素ナトリウムは白い粉状で売っていることが多く、スーパーの製菓材料のコーナーや通販サイトで、手軽に購入できます。

クエン酸と混ぜると、化学反応をおこして「炭酸ガス」というものを発生させる特徴があります。この炭酸ガスは、またの名を「二酸化炭素」といいます。みなさんが吐く息に混ざっているアレです。炭酸は二酸化炭素が水に溶けたものなんです。サイダーやコーラなど炭酸飲料のシュワシュワのもとになっていますよ。

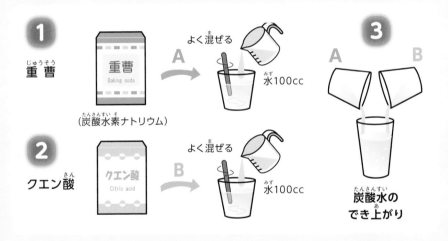

1 重曹
（炭酸水素ナトリウム）

よく混ぜる　水100cc

A

2 クエン酸

よく混ぜる　水100cc

B

3 A　B

炭酸水のでき上がり

重曹とクエン酸と水があれば、炭酸入りジュースが作れるのか！

お砂糖も必要。入れないと酸っぱいだけの炭酸水になっちゃうよ

どんな料理に使うのかな

　みなさんが大好きなシュワシュワ系の炭酸飲料のほかに、パンケーキなどのふくらし粉として使われています。重曹（炭酸水素ナトリウム）は熱を加えたときにも炭酸ガス（二酸化炭素）を出す性質があるので、焼き菓子作りに利用されます。加熱したときにもこもことした泡が出ることで、生地に二酸化炭素のガスが混ざります。ケーキを焼くとふんわりとふくらむのはそのためです。

　重曹を焼き菓子作りに使うと、仕上がりがやや黄色っぽくなり、食感はもっちりします。少ししょっぱく感じることもあります。そのため、どら焼きやまんじゅうなどの和菓子に利用されることが多いです。

重曹で作る一番カンタンなお菓子、カルメ焼きのふくらみ方をみるとよくわかるね

カルメ焼きのふくらみ方

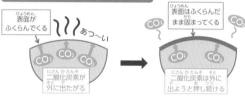

表面がふくらんでくる

あっ〜い

二酸化炭素が外に出たがる

熱〜い砂糖蜜の中の二酸化炭素が外に出たがる

表面はふくらんだまま固まってくる

二酸化炭素は外に出ようと押し続ける

冷めて固まる砂糖蜜の表面が、外に出たがる二酸化炭素に押されて、全体がふくらむ

どら焼き

蒸しまんじゅう

和菓子もおいしそうだな！

106

重曹にはこんな活用法もあるよ

　重曹はお菓子作り以外にも利用できます。魚のにおい消しに使ったり、食品が傷まないように保存料として使うこともあります。また、野菜を色あざやかにゆでる、豆類をふっくら煮る、肉をやわらかくするための下ごしらえにも利用されています。どれも炭酸水素ナトリウムの持つ特徴を上手く活用した利用方法です。

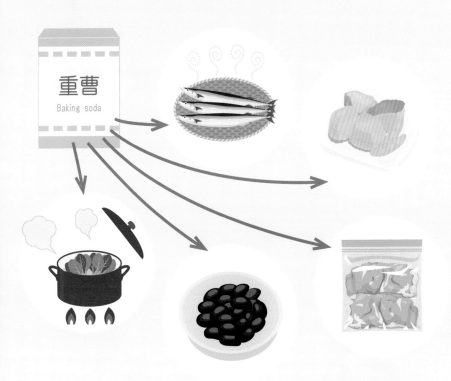

第４章　グミの食感を研究

重曹を天ぷらの衣にちょっと入れて
揚げると、サクサクになるんだよ

グミの食感を変えてみよう

実験室❽ シュワシュワするグミ

難易度

シュワモコ雲グミ

材料

練乳 ・・・・・・ 30g
グラニュー糖 ・・・・・ 30g
水 ・・・・・・・・・・ 75㎖
顆粒ゼラチン ・・・・ 5g
レモン汁 ・・・・・・・ 小さじ1
重曹 ・・・・・・・・・ 1g

必要な道具

カップなどの容器

計量カップ

計量スプーン

ゴムベラ スプーン

計量器

小さめの鍋

型

バット

モコモコするグミって
おもしろそうだね

食感も楽しいんだよ。作ってみよう！

実験ポイント

重曹を入れるとグミはどんなふうに変身するかな？

実験 8 スタート

練乳
30g

水
75ml

グラニュー糖
30g

① 鍋に水75ml、
グラニュー糖30g、練乳30gを入れて火にかける

顆粒
ゼラチン
5g

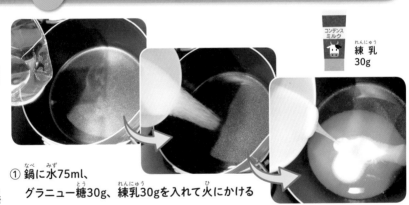

② ①の鍋を火からおろして顆
粒ゼラチン5gをふり入れて
混ぜ溶かす

グツグツ沸騰
させちゃうと練乳が
分離しちゃうから
3つを溶かす程度ね

109

実験ポイント

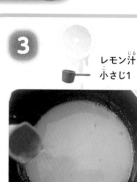

3

レモン汁
小さじ1

重曹
重曹
1g

③ ②にレモン汁小さじ1を
加える

④ ③に重曹1gを入れる

レモン汁と
重曹が混ざると泡が
出てくるよ!

調理ポイント

5

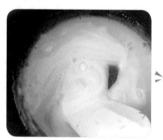

⑤ ④の重曹が均一に溶けるま
でゆっくり混ぜる

泡が消えないように
やさしく混ぜよう

6

⑥ ⑤を型に流して、冷蔵庫で
2時間以上冷やし固める

ほかのグミより
やわらかいから
そっと取り出そう♪

7

⑦ 型から取り出したらでき
上がり!

食べてみよう！

ほかのグミより
もこっとしてて
やわらかい。

シュワシュワした
食感で
エアリーだね。

重曹は後味がちょっと苦いね。
このモコモコ感はほかにも
使えそうな気がするぞ。

実験 8 まとめ

- レモン汁に重曹を混ぜると泡が出る
- 冷やしているうちにふくらみは落ちつくが、グミの中に
  泡はのこる
- さわった感じはやわらかくなる ・食感はシュワシュワする
- 重曹には少し苦みがある

試して
みてね！

- レモン汁の代わりに、お酢ドリンクにしたらどうなるかな？
- レモンを入れた水やジュースに重曹を加えたら
  どうなるかな？

111

グミの食感を変えてみよう

実験室❾ 2つの食感グミ

難易度

たまごグミ

材料

黄身		白身	
メープルシロップ・	30g	水あめ・・・・・・	30g
グラニュー糖・	30g	顆粒ゼラチン・	5g
顆粒ゼラチン・	15g	グラニュー糖・・	30g
牛乳・・・・・	15㎖	水・・・・・・・・	50㎖
水・・・・・・・・	30㎖	牛乳・・・・・・	25㎖
食紅（黄）・・	少量	バニラエッセンス	少量

必要な道具

カップなどの容器　計量カップ　ゴムベラ　スプーン

小さめの鍋　計量器　計量スプーン

型　バット　クッキングシート

応用編！ グミにグミを重ねて
ダブル食感のグミを作ってみよう

口の中で食感が変わるの!? うわー！ 楽しそう！！

実験 9 スタート

実験ポイント

ゼラチンの量を変えた2種類のグミを
組み合わせると、どんな食感になるかな？

1

水
30ml

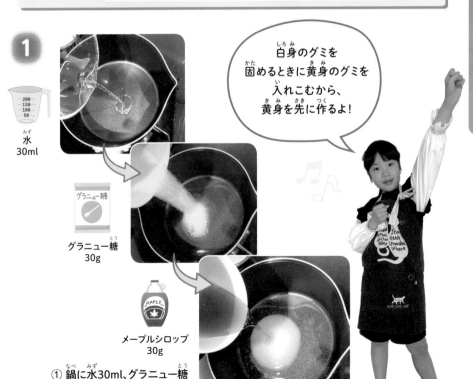

白身のグミを
固めるときに黄身のグミを
入れこむから、
黄身を先に作るよ!

グラニュー糖
30g

メープルシロップ
30g

① 鍋に水30ml、グラニュー糖
30g、メープルシロップ30g
を入れ、火にかける

113

2

黄色の食紅は
お湯に溶いて
おくよ

食紅（黄）
少量

お湯
少量

② ①にあらかじめ溶いておい
た食紅を入れて混ぜる

3

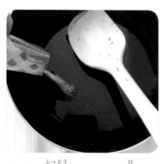

顆粒
ゼラチン
15g

③ ②を沸騰させたあと火から
おろし、粗熱を取ったら、
顆粒ゼラチン15gを入れて混
ぜる

4

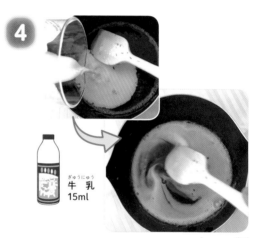

牛乳
15ml

④ ③のゼラチンが溶けたら牛
乳15mlを入れてよく混ぜる

5

⑤ ④のグミ液を丸い型に流し
入れる

6

⑥ ⑤の型を冷蔵庫に入れて、
固まるまで冷やす

114

7

黄身は丸い型に入れて冷やして、固まった状態にしておくよ

⑦ 固まったら型からはずしておく

今度は白身を作るよ！

8

水 50ml

グラニュー糖 30g

水あめ 30g

⑧ 鍋に水50ml、グラニュー糖30g、水あめ30gを入れ、火にかける

9

顆粒ゼラチン 5g

⑨ ⑧を沸騰させたあと火からおろし、粗熱を取ったら、顆粒ゼラチン5gを入れて混ぜる

10

牛乳 25ml

⑩ ⑨のゼラチンが溶け切ったら牛乳25mlを入れて混ぜる

11

バニラ
エッセンス
少量

香りづけに入れるよ

⑪ ⑩にバニラエッセンスを少量入れる

12
⑫ ⑪で作った白身のグミ液を卵の型に流し入れる

13
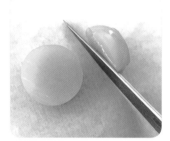
⑬ 先に作っておいた黄身のグミを半分に切る

クッキングシートの上だと、まわりにくっつかないから、きれいに切れるよ

実験ポイント

14
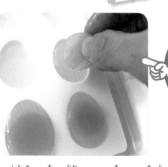
⑭ 白身の真ん中に⑬で切った黄身を入れ、ふたたび冷蔵庫で白身部分も固め、固まったら型からはずす

白身のグミが固まる前に、あらかじめ作っておいた黄身を入れるんだよ

食べてみよう！

かたさがちがうグミを
組み合わせて
食感のちがいを
楽しめるね！

白身がやわらかくて、
黄身がかたいから、
ゆでたまごっぽさが
出てる♪

香りづけにバニラエッセンス
なんかを入れてみるのも
いいアイデアなんだね。
ふわりといい香りになるなぁ。

実験9 まとめ

- ゼラチン量のちがうグミを組み合わせると食感のちがいが楽しめる
- 食材の味にアクセントをつけたい場合は、
バニラエッセンスが活用できる

試して
みてね！

- 外がかたくて、中がやわらかいグミを作ってみよう
- かたさがちがう3種類のグミを組み合わせてみよう

グミになるかな!?③
〜ペクチンでも固まるよ〜

今までグミを固めるために使った材料ってなんだった?

えーと、ゼラチンでしょ、寒天でしょ、アガーっていうのもあったね

実はまだあるんだ。ペクチンというの

ええ!? またまた聞いたことがない材料。どうやって使うの? 教えて〜

ペクチンってなんだろう?

「ペクチン」とは食物繊維の一種です。レモン、オレンジなどのかんきつ類やりんご、いちじく、バナナなどに多くふくまれています。量のちがいはありますが、あらゆる果物や野菜に入っています。

ギリシャ語でかたいという意味の「ペクトス」が、ペクチンの名前の由来になっています。

どんな特徴がある？

　少しむずかしいのですが、植物や動物は、細胞という目に見えない小さなものが集まってできています。ペクチンは、細胞の壁の中に入っていて、壁を作ったり、壁どうしをつなぎ合わせる、セメントのような役割をしています。

　ペクチンは、加熱するとからみ合っている状態から1度ほどけて、バラバラになります。そこに糖類と酸を混ぜると、再び集まってゼリー状に固まる（ゲル化）性質を持っています。

　ここまで本書を読み進めたみなさんならピンとくるかもしれませんが、寒天やアガーと同じ食物繊維からできているので、食品をとろっとさせたり固めるはたらきがあるんですね。

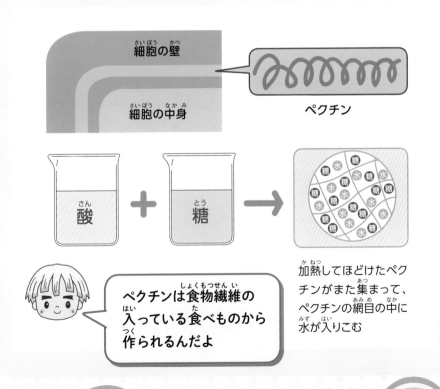

細胞の壁

細胞の中身

ペクチン

酸 ＋ 糖 →

加熱してほどけたペクチンがまた集まって、ペクチンの網目の中に水が入りこむ

ペクチンは食物繊維の入っている食べものから作られるんだよ

HMペクチンとLMペクチンについて

　ペクチンは、植物の細胞よりもさらに小さい2つの物質が、つながった形をしています。この物質のつながり方のちがいにより、ペクチンは大きくわけて、HMペクチンとLMペクチンの2種類があります。

　HMペクチンとLMペクチンは、溶ける温度と固まる温度がちがいます。HMペクチンはおよそ90〜100℃で溶けて、80℃以下から固まり始めます。一度固まったHMペクチンはおよそ90℃以上でまた溶け始めます。LMペクチンはおよそ90〜100℃で溶けて、40℃以下から固まり始めます。一度固まったLMペクチンはおよそ50℃以上でまた溶け始めます。

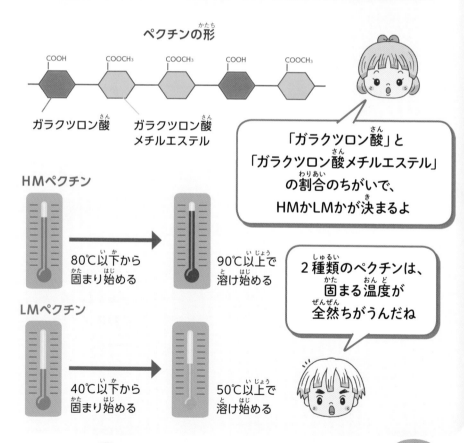

ペクチンの形

COOH　COOCH₃　COOCH₃　COOH　COOCH₃

ガラクツロン酸　　ガラクツロン酸
　　　　　　　　　メチルエステル

「ガラクツロン酸」と
「ガラクツロン酸 メチルエステル」
の割合のちがいで、
HMかLMかが決まるよ

HMペクチン

80℃以下から
固まり始める　　→　　90℃以上で
　　　　　　　　　　溶け始める

2種類のペクチンは、
固まる温度が
全然ちがうんだね

LMペクチン

40℃以下から
固まり始める　　→　　50℃以上で
　　　　　　　　　　溶け始める

ペクチンの形状と使い方

　料理で使うペクチンは、りんごやレモンなどかんきつ類にふくまれるペクチンを取り出して、加工して作られています。白っぽい粉状で売られていて、ゼラチンと同様に、スーパーの製菓コーナーや通販サイトで購入できます。

　LMペクチンは固めるちからが弱いので、ジャムなどをやわらかくとろっと固めたいときに使います。

　グミを作りたい場合は、固める力が強いHMペクチンを選んでください。ダマになりやすいので、アガーと同じように砂糖と混ぜてから使うとよいでしょう。また、固まり始める温度が高いので、手早く作業するのも上手に作るコツです。

とろ〜っとやわらか！

ジャム

かたくて酸っぱい！

グミ

HMペクチンは酸に強いから、酸っぱーーいグミをしっかり固めたいときにおススメだよ

どんな料理に使われている?

LMペクチンはとろみを出す特徴を生かしてジャムやマーマレード、果物のコンポート、やわらくてほろっとした食感のゼリーを作るときに使われています。

HMペクチンが使われる代表選手は、フランスのパート・ド・フリュイというお菓子です。果物の果実を固めたグミに近いお菓子で、フランスではマカロンやチョコレートと同じように親しまれています。

マーマレード

ジャム

ほろほろ食感ゼリー

パート・ド・フリュイ

それぞれ特徴がちがうから、
使うお菓子もちがってくるんだね!

グミになるかな！？③

特別実験③ ペクチン VS ゼラチン

難易度

ブドウペクチングミ
ブドウグミ

材料

★ブドウペクチングミ

水あめ ‥‥‥‥ 13g

グラニュー糖 ‥ 20g

HMペクチン ‥ 5g

水 ‥‥‥‥‥ 3g

ぶどうジュース ‥ 100mℓ

クエン酸 ‥‥‥ 2.5g

サラダオイル ‥ 少量

★ブドウグミ

水あめ ‥‥‥‥ 20g

グラニュー糖 ‥ 20g

粉ゼラチン ‥‥ 5g

冷水 ‥‥‥‥‥ 15g

ぶどうジュース ‥ 100mℓ

レモン汁 ‥‥‥ 小さじ1

サラダオイル ‥ 少量

必要な道具

カップなどの容器
計量カップ
スプーン
ゴムベラ
計量器
計量スプーン
包丁
温度計
キッチンペーパー
クッキングシート
耐熱容器（型に使用）
小さめの鍋

こっちが **ゼラチン** のブドウグミ

こっちが **ペクチン** のブドウグミ

第4章　グミの食感を研究

同じぶどうジュースを使って作って、どう味がちがうのか調べるよ！

固まったときのかたさがちがうのかな？

実験ポイント ペクチンとゼラチンの量を同じにすると、どのくらい味やかたさが変わるのかな？

特別実験③ ♪ スタート

調理ポイント

1

サラダ油
サラダオイル
少量

グミが型から
はずしやすくなるよ

① ペクチン、ゼラチンの両方の型にキッチンペーパーでうすくサラダオイルをぬっておく

実験ポイント

2

グラニュー糖
グラニュー糖
14g

HMペクチン

HMペクチン
5g

ブドウペクチングミ

HMペクチンと
ゼラチンの量は
同じ！

② グラニュー糖14gとHMペクチン5gをよく混ぜる

ブドウグミ

② 15gの冷水の入った容器に粉ゼラチン5gを入れて水をふくませる

★

ゼラチン
粉ゼラチン
5g

冷水
15g

3

水 3g

クエン酸
2.5g

ブドウペクチングミ

③ 3gの水でクエン酸2.5gを
溶いておく

ブドウグミ

③ 水あめ20gとグラニュー糖
20gを用意する

水あめ 20g

グラニュー糖
20g

4

ぶどう
ジュース
100ml

④ ぶどうジュース100mℓを鍋に
入れて、②を少しずつ入れな
がら混ぜる

④ 鍋にグラニュー糖、水あめ、
ぶどうジュース100mlの順に
入れて、弱火で沸騰させる

ぶどう
ジュース
100ml

第4章 グミの食感を研究

5

⑤ 鍋に火をかけて④を溶かし
ていく

⑤ ④の鍋を火からおろし、粗熱
が取れてから、②で作ったゼ
ラチンを入れて溶かす。ゼラ
チンがとけたらレモン汁を
小さじ1加える

レモン汁
小さじ1

6

⑥ ⑤の鍋に水あめ13gと残り
のグラニュー糖6gを加える

水あめ 13g

グラニュー糖
6g

★②の粉ゼラチンが
ダマになっていると、
ゼラチンがうまく
溶けないよ

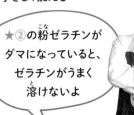

125

ブドウペクチングミ

7

⑦ 約5分間かき混ぜながら、108度になるまで煮詰め、108度になったら火を止める

温度計でこまめにはかろう！吹きこぼれないように注意して！

8

⑧ ③で作ったクエン酸液を⑦に加えて混ぜる。固まりやすいので、すぐに型に流す

9

⑨ 型に流したら冷蔵庫に入れずに固める。15分ほどで固まり、1時間程度で完全に固まる

10

グラニュー糖

グラニュー糖（分量外）

⑩ クッキングシートの上で、包丁で2cm角にカットし、グラニュー糖（分量外）をまぶす

ブドウグミ

6

⑥ ⑤のグミ液を型に流し入れる

7

⑦ ⑥の型を冷蔵庫で2時間以上 冷やし固める

8

⑧ 型から出して、クッキングシートの上で、包丁で2cm角にカットする

9

⑨ グラニュー糖（分量外）をまぶして完成！

食べくらべてみよう♪

ブドウグミ

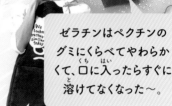

ブドウペクチングミ

ゼラチンはペクチンの
グミにくらべてやわらか
くて、口に入ったらすぐに
溶けてなくなった～。

ペクチンで作った
グミは、けっこうかたくて
食べるときに
歯にくっついたよ！

でも、歯ごたえがあって
ぶどうジュースの味が
ずっと口の中にのこったね。

上にかけた
グラニュー糖が固まって
それもおいしかったよ。

ぶどうジュースをそのまま食べて
いるみたいな味がしたね。

上にかけたグラニュー糖がすぐに
溶けてしまって、グラニュー糖の
味がわからなかったな。

第4章　グミの食感を研究

特別実験③ 🎵 まとめ

- 同じようにペクチンとゼラチンを5gづつ入れて作った
けど、ペクチンはかたく、ゼラチンはやわらかくなった
- 固めるときも、ゼラチンは冷蔵庫で冷やしたけど、
ペクチンは冷蔵庫なしですぐに固まった

HMペクチンは
スーパーで売って
ないから注意してね！
ネットで探してみて！

HMペクチン

✕

スーパーで
売っているペクチン

スタッフ

● 企画・制作／グミラボ編集室
● 編集協力／イデア・ビレッジ (小磯紀子)
● ライティング／山口由美　青木千草
● 撮影協力／たまき　ウビン
● キャラクターイラスト／のりメッコ
● 図版作成／みどりみず
● 本文デザイン・DTP ／飯岡るみ

● Special Thanks　ヒデニ キッチンスタジオ

ふしぎなグミ実験室
作って食べて 科学のナゾをおいしく解き明かす！

2024 年 7 月 30 日　　第 1 版・第 1 刷発行

著　者　　グミラボ編集室（ぐみらぼへんしゅうしつ）
発行者　　株式会社メイツユニバーサルコンテンツ
　　　　　代表者　大羽 孝志
　　　　　〒 102-0093 東京都千代田区平河町一丁目 1-8
印　刷　　株式会社厚徳社

ご意見・ご感想はホームページから承っております。
ウェブサイト　https://www.mates-publishing.co.jp/

企画担当：小此木千恵